32
미다스의 당나귀 귀

주니어 RHK

신화의 가치

신화는 한 민족의 기원이나 역사적 · 종교적 · 문화적 삶의 모습을 보여 주는 옛이야기입니다. 주로 신과 영웅에 관한 이야기가 많고, 오랫동안 입에서 입으로 전해 내려왔다는 특징이 있지요.

우리가 살펴볼 그리스 로마 신화는 고대 그리스와 로마에 전해 오는 신화와 전설을 한데 묶은 것입니다. 그리스 로마 신화는 고대의 삶을 엿보게 해 주는 문화유산일 뿐만 아니라, 세계 여러 나라의 문학과 미술에 큰 영향을 끼쳤습니다. 하지만 문화적 가치만큼이나 중요한 것이 또 있습니다. 오래된 옛이야기이면서도 거기에 담긴 교훈적 가치가 오늘날에도 여전히 쓸모 있고 중요하다는 사실입니다.

놀랍지 않나요? 수천 년 전의 이야기가 어떻게 과학 문명이 고도로 발달한 오늘날에도 통하는 것일까요? 그것은 바로 그리스 로마 신화에 나오는 신과 영웅의 모습이 오늘날 우리의 모습과 다르지 않기 때문입니다. 신들도 우리처럼 분노하고, 질투하고, 실수를 하지요. 그런 모습을 보면서 우리는 깔깔 웃거나 눈물을 흘리고, 교훈과 감동을 얻습니다. 우리가 그리스 로마 신화를 읽어야 하는 까닭이 바로 이것입니다.

신화의 세계로 떠날 여러분에게 한마디 덧붙이자면, 신화는 우리에게 끝없는 상상력을 요구한다는 점입니다. 신화 속에는 수많은 은유와 상징이 곳곳에 널려 있지요. 따라서 신화를 읽을 때에는 상상력을 최대한 발휘하여 신화 속에 숨겨진 의미를 찾고, 그것을 자기 나름대로 재해석하는 과정이 필요합니다. 이렇게 읽었을 때에야 비로소 여러분 앞에 놀라운 삶의 이야기가 펼쳐질 것입니다.

자, 그럼 흥미진진한 신화의 세계 속으로 함께 떠나 볼까요?

미다스는 소원을 물러 달라는 부탁을 하려고
디오니소스를 만나러 갑니다.
과연 디오니소스는 미다스의 부탁을 들어줄까요?
한편 피리를 잘 부는 판은 음악의 신 아폴론과
대결을 벌입니다.
이 대결에 휘말리게 된 미다스.
미다스는 어떻게 될까요?

주요 등장인물

⚜ 디오니소스 ⚜

제우스와 세멜레 사이에서 태어난 술의 신이에요. 손에 닿는 것은 뭐든 황금으로 바뀌는 능력을 미다스에게 주지만, 곧 후회하고 찾아온 미다스를 원래대로 되돌려 줘요.

⚜ 아폴론 ⚜

제우스의 아들로, 태양과 예언의 신이에요. 또 의술, 활솜씨, 음악의 신이기도 해요. 판의 도전을 받아 음악 연주 대결을 벌여요.

⚜ 미다스 왕 ⚜

프리기아의 왕이에요. 손에 닿는 것마다 황금으로 바뀌게 해 달라고 소원을 빌지만 곧 후회하고 소원을 무르러 디오니소스를 찾아 나서요.

⚜ 판 ⚜

숲의 신으로 반은 인간의 모습, 반은 염소의 모습이에요. 피리를 잘 불어서 아폴론과 대결을 벌여요.

1
미다스의 여정

"죽고 싶지 않다면

그 황금 덩어리를 순순히 내려놓으시지."

"황금 덩어리라니요? 이것은 제 딸입니다."

미다스가 디오니소스를 찾아다니며 가장 힘든 것은 바로 황금 손이었습니다. 손에 닿는 것은 무엇이든 황금으로 변하는 통에 제대로 먹지도, 쉬지도 못 했습니다.

무더운 날씨에 헉헉거리며 걷던 미다스 왕은 샘물을 발견했습니다. 무척이나 반가운 마음에 앞뒤 가릴 것 없이 달려가 손으로 물을 떴습니다.

"아이코, 이게 뭐야?"

손으로 퍼 올린 물은 금방 황금 물로 변했습니다. 어쩔 수 없이 미다스는 무릎을 꿇고 고개를 숙여 샘물에 입을 댔습니다.

명색이 한 나라의 왕인데 물 한 모금을 마시려고 짐승처럼 시냇가에 엎드리고, 포도 한 알을 먹으려면 입을 쩍 벌리고 토끼처럼 폴짝폴짝 뛰어야 했습니다.

그나마 이렇게 해서라도 배를 채우는 날은 다행이었습니다. 아무것도 먹지 못 하고 배를 *곯는 날도 *허다했습니다.

*곯다 양에 아주 모자라게 먹거나 굶다.
*허다하다 수효가 매우 많다.

그뿐만이 아니었습니다. 어느 날은 산길을 가다가 도적 떼를 만났습니다.

"이보게, 저것 좀 보게. 황금을 지고 다니는 사람이 있어."

미다스는 딸을 업고 가는 것이었지만, 남들이 보기에는 황금으로만 보였던 것입니다.

"이거 정말 대단한걸. 당장 저자를 붙잡자."

도둑들은 미다스를 둘러쌌습니다.

"죽고 싶지 않다면 그 황금 덩어리를 순순히 내려놓으시지."

"황금 덩어리라니요? 이것은 제 딸입니다."

"당신 딸이라고? 이자가 미쳤나?"

미다스는 아무리 설명을 해도 그들이 믿을 것 같지 않아 부리나케 달아났습니다.

도적 떼들이 뒤쫓아 왔지만 가까스로 위기를 면할 수 있었습니다.

'휴, 이제 따라오지 않는군. 아, 내가 왜 만지는 것마다 황금으로 만들어 달라고 했을까? 이 얼마나 어리석은 소원이란 말인가!'

미다스는 길가 담벼락에 지친 몸을 기댄 채 눈물짓다가, 지나가는 사람에게 물었습니다.

"저 혹시 디오니소스 신전으로 가려면 어떻게 해야 하지요?"

"아니, 이 양반이 지금 날 놀리는 거요? 바로 저 앞에 보이는 신전이 바로 디오니소스 님의 신전이 아니면 뭐란 말이오?"

"뭐라고요? 저 신전이 디오니소스 님의 신전이라고요? 고맙습니다!"

미다스는 신전이 바로 앞에 있다는 말에 힘이 드는 줄도 모르고 달리기 시작했습니다.

2
신전에 도착한 미다스

"흠, 자네의 꼴을 보니 듣지 않아도 어떤 일이 일어났는지 알겠네.
내가 분명 다시 한 번 생각하라고 일렀거늘, 쯧쯧……."

미다스는 온갖 고생 끝에 거지꼴이 되어서야 겨우 디오니소스의 신전에 도착했습니다. 다행히 디오니소스는 일행들과 축제를 마치고 돌아와 있었습니다.

미다스는 디오니소스를 보자마자 무릎을 꿇었습니다.

"디오니소스 님! 저 미다스입니다! 간청이 있어서 이렇게 찾아왔습니다."

"흠, 자네의 꼴을 보니 듣지 않아도 어떤 일이 일어났는지 알겠네. 내가 분명 다시 한 번 생각하라고 일렀거늘, 쯧쯧……. 인간의 욕심은 언제나 좋지 않은 결과를 가져오지."

미다스는 디오니소스의 말에 눈물을 뚝뚝 흘렸습니다.

디오니소스를 찾아간 미다스

〈미다스와 디오니소스〉 니콜라 푸생

술잔을 든 디오니소스 앞에 미다스가 무언가를 부탁하듯 무릎을 꿇고 있어요. 미다스의 눈빛은 간절하고, 디오니소스는 미다스를 가엾게 여기는 것 같아요. 미다스는 자신이 말한 소원을 거두어 달라고 말하고 있을 거예요.

"디오니소스 님, 이제 황금은 보기만 해도 끔찍합니다. 제발 이 황금 손을 거두어 주십시오."

"황금이 끔찍하다고? 네가 무엇보다 아끼고 사랑한 것이 황금 아니었나?"

"예, 처음엔 그랬습니다. 하지만 궁전 가득 황금을 채우고 있어도 그 기쁨을 함께 나눌 사람이 없다면 돌보다 못하다는 것을 깨달았습니다. 제발 저의 어리석음을 용서해 주십시오. 황금에 눈먼 못난 아비 때문에 제 딸아이는 이렇게 되었습니다. 제발 소원을 물러 주십시오."

인정이 많은 디오니소스는 황금으로 변한 딸을 업고 우는 미다스가 가엾게 느껴졌습니다.

"미다스, 그래도 너의 마음만은 아직 차가운 황금 덩이가 되지 않았구나."

디오니소스는 진심으로 자신의 욕심을 반성하고 있는 미다스에게 다시 한 번 기회를 주기로 했습니다.

"미다스, 너의 욕심과 *경솔함이 얼마나 끔찍한 일을 불러왔는지 잘 알겠지? 마음속 깊이 반성하는 것 같으니 이번만은 내가 소원을 물러 주겠다."

"디오니소스 님, 그럼 이 황금 손을 거두어 주시는 것입니까? 정말 고맙습니다. 고맙습니다. 디오니소스 님!"

미다스는 몇 번이고 고개를 숙이며 인사하고는 그제야 환하게 웃었습니다.

"신전 너머에 팍톨로스 강이 있다. 그 강에 너의 머리와 몸을 담그고 죄를 씻고 와라. 그러면 모든 것이 원래대로 돌아갈 것

*경솔함 말이나 행동이 조심성이 없이 가벼움.

이다.”

미다스는 디오니소스의 말이 끝나기 무섭게 허둥지둥 팍톨로스 강으로 달려갔습니다.

“공주야, 조금만 더 참으렴. 이제 곧 이 못난 아비가 널 원래대로 돌려놓아 줄 테니.”

미다스는 팍톨로스 강에 도착하자마자 강물에 풍덩 몸을 던졌습니다. 머리부터 발끝까지 온몸을 담그고 구석구석 자신의 죄를 씻었습니다.

“제발 저의 죄를 용서해 주십시오. 앞으로는 절대로 터무니 없는 욕심을 부리지 않겠습니다.”

미다스가 몸을 문질러 씻자, 손에 닿는 것을 황금으로 만드는 능력도 씻겨 내려갔습니다. 그러자 강바닥에 있던 모래들이 반짝이는 황금 부스러기로 바뀌었습니다.

그것을 보며 미다스는 자신을 눌렀던 괴로움도 함께 씻겨 나가는 것을 느꼈습니다. 이제 황금을 보아도 예전처럼 욕심이 생기지 않았습니다.

미다스가 강에서 몸을 씻고 돌아와 보니 공주도 원래의 모습으로 돌아와 있었습니다. 미다스는 공주를 부둥켜안고 다시는 황금에 욕심을 내지 않겠다고 맹세했습니다.

미다스는 공주와 함께 프리기아로 돌아갔습니다. 황금으로 된 궁전 대신 예전의 돌로 지은 궁전이 왕을 맞아 주었습니다. 하지만 미다스는 그 궁전이 어느 때보다 아름답고 소중하게 느껴졌습니다.

역사와 세월이 느껴지는 돌담 성벽, 시원한 바람이 부는 정원의 나무와 향기로운 꽃들, 미다스를 믿고 따르는 신하와 백성들. 미다스는 황금 손을 가졌을 때보다 훨씬 더 부자가 된 것 같았습니다. 미다스는 앞으로는 자신이 가진 것을 소중히 지키며 살아야겠다고 결심했습니다.

3
피리를 잘 부는 판

"아, 판의 피리 소리는 정말 아름다워.
내 마음속에 있는 그리움을 불러일으키는 것 같아."

황금 손 때문에 크게 고생한 뒤로 미다스는 욕심을 부리지 않았습니다. 나라를 열심히 다스리고, 틈이 나면 숲을 거닐며 평화롭게 지냈습니다.

그러던 어느 날, 미다스는 숲을 거닐다가 아름다운 피리 소리를 들었습니다. 바람결에 들려오는 피리 소리는 미다스의 마음에 살랑살랑 바람을 일으키는 것 같았습니다.

"도대체 누가 부는 것일까?"

미다스는 소리가 나는 곳으로 따라가 보았습니다. 놀랍게도 숲의 신 판이 나무 밑에 앉아 피리를 불고 있었습니다.

'아름다운 연주로다.'

미다스는 판이 *험상궂은 생김새와는 달리 피리를 구슬프게 잘 분다는 사실에 놀랐습니다. 그 뒤로 미다스는 종종 숲으로 와서 판의 피리 소리를 감상하곤 했습니다.

*험상궂다 모양이나 상태가 매우 거칠고 험하다.

숲의 신 판은 목동과 가축의 신이기도 했습니다. 반은 인간의 모습을 하고 있었지만, 반은 염소의 모습을 하고 있었습니다. 두 귀는 뾰족하고, 얼굴에는 수염이 덥수룩했습니다. 또 온몸이 털로 뒤덮였으며, 다리는 염소 다리이고 발굽이 갈라져 있었습니다.

판은 태어날 때부터 이런 *흉측한 모습을 하고 있었기 때문에 신 가운데 가장 못생겼다는 소리를 들으며 무시를 당하곤 했습니다.

사람들은 판을 그다지 존경하지 않았습니다.

 ***흉측한** 모습이 보기에 언짢을 만큼 고약한.

어쩌다 숲에서 판을 만나면 괴물이 나타났다며 도망치기 *일쑤였습니다.

'사람들은 내 외모만 보고 나를 피하는구나. 아, 늘 혼자 있으니 심심하고 외로워.'

공포의 대상, 판

뜻밖의 공포나 두려움을 '패닉(panic)'이라고 하는데, 이 말은 숲의 신 '판(pan)'에서 온 말이에요. 판은 멀쩡하게 가만히 있다가 아무 이유 없이 끔찍한 비명을 질러 사람들을 깜짝 놀라게 했어요. 그리고 꿈속에까지 나타나 사람들이 무서운 꿈을 꾸도록 했답니다. 그래서 판은 공포를 나타내는 말의 유래가 되었지요. 농부들은 소가 이유 없이 날뛰면 판이 난리를 피우는 모습에 빗대어 '판의 시간'이라고 말하기도 해요.

판은 늘 쓸쓸했습니다. 그래서 가끔 숲을 지나는 사람들에게 소리를 질러 깜짝 놀라게 하곤 했습니다.

*일쑤 흔히 또는 으레 그러는 일.

어느 날, 판은 숲을 거닐다가 아름다운 님프 시링크스와 마주쳤습니다. 판은 시링크스에게 한눈에 반해 저도 모르게 시링크스에게 다가갔습니다.

하지만 시링크스는 염소의 모습을 한 판이 무서워서 말도 붙이기 전에 달아났습니다.

“시링크스, 잠깐만 기다려요. 시링크스!”

판은 시링크스를 쫓아갔습니다.

달아나던 시링크스 앞에 강이 나타났습니다. 시링크스는 급한 마음에 강의 신에게 빌었습니다.

“강의 신이여, 판이 쫓아와요. 제 모습을 바꾸어 주세요.”

강의 신이 그녀의 소원을 들어주어, 판이 다가왔을 때 시링크스는 강가의 갈대가 되었습니다. 판은 아픈 마음으로 그 갈대를 꺾어 피리를 만들었습니다.

시링크스를 뒤쫓는 판

〈판과 시링크스〉 페테르 파울 루벤스

아름다운 시링크스가 판에게 붙잡히려는 순간을 그린 그림이에요. 염소의 다리를 가진 판이 시링크스의 옷자락을 붙들고 있어요. 시링크스의 뒤로 보이는 갈대는 시링크스의 앞날을 암시하는 듯해요.

그 뒤로 판은 시링크스를 생각하며 날마다 피리를 불었습니다. 외로움과 그리움이 깃든 피리 소리는 구슬프면서도 아름다웠습니다. 하루도 빼놓지 않고 불다 보니 판의 연주 솜씨는 더욱 훌륭해졌습니다.

"아, 판의 피리 소리는 정말 아름다워. 내 마음속에 있는 그리움을 불러일으키는 것 같아."

사람들은 판이 세상에서 가장 피리를 잘 분다고 입을 모아 칭찬했습니다. 판은 어깨가 으쓱해졌습니다. 자기가 부는 피리 소리에 스스로 푹 빠졌습니다.

4
판과 아폴론의 대결

"자, 그럼 이제 아폴론 님 차례입니다."

연주를 마친 판이 아폴론을 향해 빙그레 웃으며 말했습니다.

"고작 그 정도냐?

진정한 음악이 무엇인지 보여 줄 테니 잘 들어라."

판은 사람들의 칭찬을 듣다 보니 정말로 자신이 최고라고 믿게 되었습니다.

"모두 내 피리 소리에 빠졌군. 제아무리 뛰어난 연주자라도 날 따를 수 없을 거야. 나는 내 슬픔을 음악으로 나타내잖아? 이처럼 풍부한 감수성을 따라오긴 힘들지."

누구라도 들으면 가슴이 뭉클해질 만큼 멋진 피리 소리였지만, 판의 자신감은 도를 넘기 시작했습니다. 심지어 판은 음악의 신 아폴론과 겨루어 보고 싶다고 말하고 다녔습니다.

'신들 중에서도 악기 연주를 가장 잘 한다는 이가 아폴론 아닌가! 그래도 내 피리 솜씨는 못 따라올걸.'

그 무렵 아폴론은 디오니소스 신전에서 디오니소스와 이야기를 나누고 있었습니다. 축제의 신 디오니소스와 음악의 신 아폴론이 함께 어울린다는 것은 어색한 일이 아니었습니다. 축제에서 음악은 빠질 수 없으니까요.

"디오니소스, 아직도 술을 마시며 밤새도록 놀고 있는 것이냐?"

"그것이 제가 할 일인걸요. 제가 즐거운 마음으로 축제를 벌여야 사람들도 고단함과 슬픔을 잊고 즐겁게 살 테니 말입니다."

그때였습니다. 님프들이 수군거리는 소리가 들렸습니다.

"판의 피리 연주 솜씨가 그렇게 훌륭하다며?"

“응. 대단해. 그래서 판은 자기가 아폴론 님에게 뒤지지 않는다며 우쭐대던데.”

아폴론은 그 말을 듣고 기가 막혔습니다.

“뭐라고! 한낱 숲의 신 따위가 음악의 신인 나를 무시하는 말을 했더냐?”

아폴론은 당장 판을 찾아갔습니다.

“네가 나보다 연주를 더 잘한다고 겁 없이 떠들고 다니는 녀석이냐?”

“글쎄요. 더 잘한다고 하지는 않았지만, 뒤지지는 않을 거라고 생각하는데요.”

아폴론은 코웃음을 쳤습니다.

“좋아, 그렇게 자신 있다면 어디 한번 겨루어 보자. 누가 진짜 훌륭한 음악가인지 결판을 내 보자.”

두 신은 시합을 벌이기로 했습니다. 산의 신 트몰로스가 심판을 보는 가운데 시합이 시작되었습니다. 그 자리에는 평소 판의 연주를 즐겨 듣던 미다스도 참석했습니다.

긴장감이 *감도는 가운데, 판이 먼저 피리를 들었습니다. 판은 숨을 크게 쉰 다음, 피리에 입술을 가져다 댔습니다. 그러자 숲에서 부는 바람결을 따라 아름다운 소리가 흘러나왔습니다. 판의 피리 소리는 부드럽고 *애잔했습니다.

‘역시 최고야.’

미다스는 눈을 감고 피리 소리에 빠져들었습니다. 무척이나 부드럽고 구슬픈 연주였습니다.

***감돌다** 어떤 기운이 가득 차서 떠돌다.
***애잔하다** 애처롭고 애틋하다.

판의 피리

판의 피리에 얽힌 또 다른 전설이 있어요. 지혜의 여신 아테나가 피리를 하나 만들었는데, 재주 많은 아테나는 그 피리를 직접 불기도 했어요. 그런데 어느 날, 헤라와 아프로디테가 피리 부는 아테나의 모습을 보고 웃어 댔어요. 화가 난 아테나는 신전으로 돌아와 거울 앞에서 피리를 불어 보았지요. 그런데 피리를 부는 자신의 모습이 볼에 바람을 잔뜩 집어넣은 개구리 같아 보였어요. 그제야 아테나는 두 여신이 왜 웃었는지 알게 되었지요. 아테나는 피리를 인간 세상으로 집어던졌고, 마침 판이 지나가다 피리를 주웠다고 해요. 판은 그 뒤로 피리를 가지고 다니며 멋지게 불었다고 해요.

"자, 그럼 이제 아폴론 님 차례입니다."

연주를 마친 판이 빙그레 웃으며 말했습니다.

"고작 그 정도냐? 진정한 음악이 무엇인지 보여 줄 테니 잘 들어라."

아폴론은 푸른 옷깃을 휘날리며 자신의 리라에 손을 얹었습니다. 아폴론은 멋지게 손을 놀려 리라 줄을 튕겼습니다. 아폴론의 연주에서는 *기품과 당당함이 느껴졌습니다. 리라 소리를 듣는 미다스는 하늘을 둥둥 떠다니는 기분이었습니다.

"역시 아폴론 님의 리라 연주는 따를 자가 없어."

"괜히 음악의 신이겠어? 아폴론 님의 연주를 옆에서 듣는 것만도 정말 영광이야."

그곳을 지나던 님프들은 가던 길을 멈추고 아폴론의 연주에 흠뻑 빠져 한마디씩 했습니다. 나무들도 아폴론의 연주에 감동한 듯 잎을 바르르 떨었습니다.

*기품 고상한 품격.

고대 그리스의 악기 리라

〈신에게 바치는 술을 따르는 아폴론〉 작가 미상

리라는 일곱 개의 줄이 있는 악기로 무릎 위에 세우고 손가락이나 손톱으로 튕겨 연주를 해요. 고대 그리스 사람들은 리라를 아폴론이 연주하는 악기라 하여 신성하게 여겼어요. 사람들은 리라 연주에 맞추어 시를 노래로 불렀는데 '시'를 뜻하는 말 '리릭(Lyric)'은 바로 이 '리라(Lyra)'에서 온 말이지요. 오늘날에는 거의 연주하지 않지만 그리스 일부 지방에서는 아직도 연주한다고 해요.

아폴론의 리라 연주가 끝나자 그 자리에 모여 있던 님프들은 넋이 나간 얼굴로 손뼉을 쳤습니다.

"아폴론 님이 더 멋져요."

하지만 아폴론은 트몰로스 쪽으로 몸을 돌려 공정하게 심판해 줄 것을 청했습니다.

"트몰로스, 그대가 보기에는 누가 이긴 것 같소?"

트몰로스의 얼굴에 망설이는 빛이 스쳤습니다. 잠시 후 그는 대답을 기다리는 청중들 앞에서 입을 열었습니다.

"판의 구슬픈 연주도 아름다웠지만, 아폴론 님의 우아한 연주가 더 훌륭합니다."

아폴론은 당연하다는 듯 고개를 끄덕이며 미소를 지었습니다. 그때였습니다. 옆에 있던 미다스가 손사래를 치며 나섰습니다.

거만하게 판을 바라보는 아폴론

〈아폴론과 마르시아스〉 피에트로 페루지노

아폴론과 마르시아스가 함께 있는 그림이에요. 마르시아스는 판의 이름이지요. 피리를 부는 판 뒤로, 새들이 한가로이 날아다니고 나뭇가지가 살랑살랑 춤추는 듯 분위기가 평화로워 보여요. 하지만 판을 내려다보는 아폴론의 몸짓과 표정에서는 거만함이 느껴져요. 판 때문에 조금은 자존심이 상한 것처럼 보이기도 해요.

"제가 듣기에는 판의 연주가 더 훌륭했던 것 같습니다. 아폴론 님의 연주도 훌륭했지만, 사람의 마음을 움직이는 감동은 부족한 것 같습니다."

평소 판의 연주를 좋아했던 미다스는 판의 손을 들어 주었습니다.

아폴론은 미다스의 말에 순간 화가 치솟았습니다. 당연히 자신이 이겼다고 생각했는데 뜻밖에도 미다스가 판의 편을 들어 주자 얼굴까지 시뻘게졌습니다.

"뭐라고? 미다스, 누가 너에게 심판을 봐 달라고 했더냐?"

"저는 느낀 대로 말했을 뿐입니다. 많은 청중의 의견을 듣는 것이 더 *공정한 것 아닌가요?"

자존심이 상한 아폴론은 더욱 화를 냈습니다.

"미다스, 도대체 연주를 제대로 듣기나 하고 그런 말을 하는 것이냐?"

아폴론은 인간에게서 판보다 못하다는 말을 들은 것이 너무나 창피했습니다.

*공정하다 공평하고 올바르다.

5
당나귀 귀가 된 미다스

"어떤 것이 훌륭한 음악인지 구분도 못 하는 너한테는
차라리 멍청한 당나귀 귀가 어울리겠다."
아폴론의 말이 끝나기가 무섭게 미다스의 귀는
정말로 당나귀 귀처럼 쑥 늘어났습니다.

아폴론은 미다스의 곁으로 가서 미다스의 귀를 세게 잡아당겼습니다.

"제대로 듣지도 못하는 이 무식한 귀는 왜 달고 다니는 것이냐?"

"아얏! 아폴론 님, 저는 그냥 느낀 대로 말한 것뿐입니다. 제발 놓아주세요."

아폴론은 아랑곳 않고, 귀를 더 힘껏 잡아당겼습니다.

"어떤 것이 훌륭한 음악인지 구분도 못 하는 너한테는 차라리 멍청한 당나귀 귀가 어울리겠다."

그 말이 끝나기가 무섭게 미다스의 귀는 정말로 당나귀 귀처럼 쑥 늘어났습니다.

"으악, 내 귀!"

미다스는 순식간에 우스꽝스러운 모습으로 변해 버리고 말았습니다.

당나귀 귀로 변한 미다스

〈미다스의 심판〉 도메니키노

왕관을 쓰고 서 있는 미다스가 염소 뿔을 가진 판을 손가락으로 가리키고 있어요. 아마도 판이 이겼다는 뜻이겠지요. 하지만 오른쪽의 월계관을 쓴 아폴론은 그 판정을 믿을 수 없다는 듯 손짓을 하고 있어요. 미다스의 귀가 벌써 당나귀 귀로 변한 것을 보면, 아마도 미다스에게 막 벌을 내린 모양이에요.

미다스는 자신의 귀를 만져 보았습니다. 아폴론의 말대로 커다란 당나귀 귀로 변해 있었습니다. 이 상황을 지켜 보던 님프들이 미다스를 보며 키득거렸습니다.

"아폴론 님, 제발 제 귀를 원래대로 해 주세요. 잘못했습니다."

미다스는 자신이 아폴론의 *노여움을 샀다는 것을 알고 용서를 빌었지만 이미 때는 늦었습니다.

"아니다. 너는 앞으로 큰 귀로 제대로 소리를 들으며 살아라."

"아폴론 님, 제 귀를 이렇게 해 놓고 가시면 저는 어찌 살란 말입니까?"

*노여움 분하고 섭섭하여 화가 치미는 감정.

아폴론은 들은 체도 하지 않고 그대로 등을 돌려 사라졌습니다.

'아, 아무 소리 말아야 했는데……. 내가 너무 *경솔했어. 이 꼴을 어쩌란 말인가.'

미다스는 누가 볼까 두려워 귀를 손으로 가리고 눈물을 쏟으며 왕궁으로 돌아갔습니다.

*경솔하다 말이나 행동이 조심성 없이 가볍다.

미다스는 한참 동안 거울을 들여다봤습니다. 아무리 보아도 당나귀처럼 커다란 귀는 괴상하기 짝이 없었습니다.

'아폴론 님은 어째서 나에게 이런 벌을 주셨을까?'

미다스는 자신의 모습을 백성들이 본다면 비웃으며 더 이상 존경하지 않을 거라고 생각했습니다. 미다스는 걱정이 되어서 아무에게도 이 사실을 알릴 수 없었습니다.

그 뒤로 몇 달 동안 미다스는 머리카락과 모자로 귀를 가렸습니다. 그래서 아무도 미다스의 귀를 보지 못 했습니다.

그러나 언제까지나 머리를 기를 수는 없었습니다.

‘아, 이발을 하긴 해야 하는데, 그랬다가는 이발사가 나의 비밀을 알아 버릴 테고…….’

고민 끝에 미다스는 이발사를 조용히 불러들였습니다.

“이보게, 이발을 할 때가 되어서 자네를 불렀네. 그런데 이발을 하기 전에 한 가지 나와 꼭 약속할 것이 있네.”

“예, 폐하. 무슨 약속입니까?”

미다스는 헛기침을 하며 *뜸을 들였습니다.

“지금 내가 모자를 벗을 텐데 너무 놀라지 마라. 그리고 그대가 본 것을 아무에게도 말해서는 안 된다. 알겠느냐?”

이발사는 말없이 그저 고개를 주억거렸습니다.

미다스는 잠시 뒤 모자를 벗었습니다. 그러자 커다란 당나귀 귀가 껑충 하며 솟았습니다. 이발사는 깜짝 놀라 할 말을 잃었습니다.

***뜸을 들이다** 일이나 말을 할 때, 쉬거나 여유를 갖기 위해 서둘지 않고 한동안 가만히 있는 경우를 비유적으로 이르는 말.

이발사는 우스꽝스러운 미다스의 모습에 웃음이 터질 것 같았지만 꾹 참았습니다. 그렇게 웃음을 참으며 머리를 다듬어 주었습니다.

일이 끝나자 이발사는 미다스에게 아무에게도 말하지 않겠다고 약속하고 집으로 돌아갔습니다.

그런데 며칠 뒤부터 이상한 소문이 돌기 시작했습니다.

바람이 부는 날 갈대숲에 가면 '왕의 귀는 당나귀 귀'라고 외치는 소리가 들린다는 것이었습니다. 이 소문은 금세 온 나라에 퍼져 미다스의 귀에도 들어왔습니다. 며칠을 고민하던 미다스는 백성들을 불러 모았습니다.

"나 프리기아의 왕 미다스는 백성들의

말을 더 잘 듣겠다는 뜻으로 신에게서 이런 선물을 받았노라."

미다스는 말을 마치고는 모자를 벗었습니다. 어떤 사람들은 소문이 맞다며 수군거리고, 또 어떤 사람들은 참지 못 하고 웃음을 터뜨렸습니다.

"앞으로 당나귀 귀처럼 큰 귀로 백성들의 이야기를 귀담아 듣고, 백성의 뜻을 섬기는 왕이 되겠노라."

"미다스 왕 만세!"

백성들이 두 팔을 높이 들며 외쳤습니다.

황금에 대한 욕심으로 하나밖에 없는 자식을 잃을 뻔했던 미다스, 당나귀 귀로 한참 동안 마음고생을 한 미다스는 그 뒤로 어진 왕이 되어 프리기아를 오랫동안 잘 다스렸답니다.

우리나라에도 전해 오는 임금님 귀 이야기

미다스 왕의 귀 이야기와 똑같은 이야기가 우리나라에도 전해 와요. 신라의 왕이었던 경문왕은 어느 날 갑자기 귀가 길어져서 당나귀 귀처럼 되었다고 해요. 이 사실을 아는 사람은 왕이 쓰는 모자를 만드는 사람뿐이었지요. 그는 이것을 아무에게도 말하지 않다가 죽을 때가 되어 대나무 숲에 들어가 '임금님 귀는 당나귀 귀와 같다.' 하고 외쳤어요. 그 뒤로 바람이 불 때마다 대나무가 서로 부딪치며 그 소리가 났대요. 우리나라와 그리스가 서로 왕래가 있던 시절도 아니었는데 이렇게 비슷한 이야기가 있다니 정말 신기하지요?

신화 OLYMPUS GUARDIAN 뒷이야기

미다스는 아폴론의 노여움을 사서 당나귀처럼 귀가 커다랗게 변합니다. 그 뒤로 누가 자신의 비밀을 알게 될까 두려워 그 사실을 숨기려고 잠잘 때도 모자를 쓰고 자지요. 그렇게 몇 달을 지내는 동안 미다스는 얼마나 불편하고 힘들었을까요?

그러나 그토록 숨기고 싶었던 비밀은 얼마 지나지 않아 소문이 나고 맙니다. 이때부터 미다스의 고민은 시작됩니다.

'사실을 숨기고 살 것인가? 아니면 사실대로 밝힐 것인가?'

사실을 숨기려면 늘 조마조마한 마음으로 소문을 부인해야 할 것입니다. 하지만 그렇다고 사실을 밝히자니 왕의 체면이 땅에 떨어질까 봐 두려웠지요.

고민하던 미다스는 결국 백성들에게 진실을 밝히기로 결심합니다. 털이 숭숭 난 우스꽝스러운 당나귀 귀를 드러내 보이며, 비록 모습은 흉하지만 남들보다 더 큰 귀로 백성의 말에 귀를 기울이는 왕이 되겠다고 말합니다. 그러고는 실제로 백성들의 말을 잘 듣는 어진 임금이 되어 나라를 잘 다스렸습니다.

이처럼 어떠한 상황이 닥쳤을 때 받아들이는 자세에 따라 같은 상황도 전혀 다른 결과를 만들 수 있습니다. 우스꽝스러운 당나귀 귀를 갖게 된 미다스가 그 모습을 받아들이지 않고 숨기려고만 했을 때 그는 괴롭고 힘든 삶을 살아야 했습니다. 그러나 자신의 변화된 모습을 인정하고 '달라진 모습으로 어떻게든 살아야겠다.'고 마음을 먹은 순간, 본인도 당당하고 백성들에게도 더욱 존경받는 훌륭한 왕이 될 수 있었지요.

우리는 미다스의 이야기를 통해서 힘들고 받아들이기 어려운 상황을 피하려고만 하지 말고 이해하고 뛰어넘기 위해 노력하는 자세가 필요하다는 것을 알 수 있습니다.

올림포스 신들의 계보

크로노스 + 레아
하데스
지하 세계의 왕
포세이돈
바다의 신
제우스
신들의 왕
헤라
신들의 여왕,
제우스의 아내
헤스티아
난로 · 불의 여신
데메테르
대지의 여신
아테나
지혜 · 전쟁의 여신
제우스 + 메티스
아폴론
의술 · 음악의 신
제우스 + 레토
아르테미스
사냥 · 순결의 여신
아스클레피오스
의술의 신
아레스
전쟁의 신
제우스 + 헤라
헤파이스토스
대장간의 신
제우스 + 디오네
아프로디테
헤파이스토스의 아내,
미의 여신
에로스
사랑의 신
헤르메스
신들의 전령,
상업의 신
제우스 + 마이아
디오니소스
술의 신
제우스 + 세멜레
페르세포네
하데스의 아내
지하 세계의 여왕
제우스 + 데메테르

⚜ 그리스 로마 신화 주요 인물의 이름 ⚜

그리스 어	로마 어	영어
가이아	텔루스	
니케	빅토리아	나이키, 빅토리
데메테르	케레스	세레스
디오니소스	바쿠스	바커스
레아	키벨레	시벨레
아레스	마르스	마스
아르테미스	디아나	다이애나
아테나	아테네, 미네르바	
아폴론	아폴로	아폴로
아프로디테	베누스	비너스
에로스	쿠피드, 아모르	큐피드
오디세우스	울릭세스	율리시스
우라노스	카일루스	유러너스
제우스	유피테르	주피터
크로노스	사투르누스	새턴
페르세포네	프로세르피나	
포세이돈	넵투누스	넵튠
하데스	플루톤	플루토
헤라	유노	주노
헤라클레스	헤르쿨레스	허큘리스
헤르메스	메르쿠리우스	머큐리
헤스티아	베스타	
헤파이스토스	불카누스	벌컨

그리스 로마 신화 올림포스 가디언 32
미다스의 당나귀 귀

펴낸이 양원석
펴낸곳 (주)알에이치코리아
등록 2004년 1월 15일 제2-3726호
주소 서울특별시 금천구 가산디지털2로 53, 20층 (한라시그마밸리)
문의전화 02)6443-8800

ISBN 978-89-255-4416-8(74800)
ISBN 978-89-255-4354-3(세트)

값 12,800원

원작 만화로 보는 그리스 로마 신화(가나출판사)
이광진 엮음, 홍은영 그림
명화 구입처 유로크레온(주)

※잘못된 책은 구입하신 곳에서 바꾸어 드립니다.
※책 모서리가 날카로워 다칠 수 있으니 사람을 향해 던지거나 떨어뜨리지 마십시오.